PRIMERAS BIOGRAFÍAS

Abigail Adams

Cassie Mayer

Heinemann Library
Chicago, Illinois

Customer Service **888-454-2279**

Visit our Web site at **www.heinemannlibrary.com**

Photo research by Tracy Cummins and Tracey Engel.
Designed by Kimberly R. Miracle
Translation into Spanish produced by DoubleO Publishing Services
Printed and bound in China by South China Printing Company

10 09 08
10 9 8 7 6 5 4 3 2 1

13 Digit ISBN: 978-1-4329-0655-9 (hc)   978-1-4329-0664-1 (pb)
10 Digit ISBN: 1-4329-0655-0 (hc)   1-4329-0664-X (pb)

Library of Congress Cataloging-in-Publication Data
Mayer, Cassie.
  [Abigail Adams. Spanish]
  Abigail Adams / Cassie Mayer.
    p. cm. -- (Primeras biografías)
  ISBN-13: 978-1-4329-0655-9 (hb)
  ISBN-13: 978-1-4329-0664-1 (pb)
  1. Adams, Abigail, 1744-1818--Juvenile literature. 2. Presidents' spouses--United States--Biography--Juvenile literature. I. Title.
  E322.1.A38M36518 2007
  973.4'4092--dc22
  [B]
                              2007040075
Acknowledgements
The author and publisher are grateful to the following for permission to reproduce copyright material: ©Alamy **pp. 11** (Gabe Palmer), **12** (William Owens); ©Art Resource **pp. 10, 19, 23a**; ©The Bridgeman Art Library **p. 9** (National Gallery of Art, Washington, D.C., USA); ©Corbis **pp. 18** (Bettmann), **21**; ©Getty Images **pp. 8** (Stock Montage), **20** (Time Life Pictures), **22** (Win McNamee); ©The Granger Collection **pp. 4, 7**; ©Library of Congress Prints and Photographs Division **p. 5**; ©Massachusetts Historical Society **pp. 6, 13, 14, 16**; ©North Wind Picture Archives **pp. 17, 23b**; ©Shutterstock **p. 15** (Anyka).

Cover image reproduced with permission of ©The Granger Collection. Back cover image reproduced with permission of ©Shutterstock (Anyka).

Every effort has been made to contact copyright holders of any material reproduces in this book.
Any omissions will be rectified in subsequent printings if notice is given to the publisher.

Contenido

Introducción

Abigail Adams fue una líder.
Un líder es alguien que ayuda
a que cambien las cosas.

Abigail ayudó a cambiar el modo en que vivían las mujeres en nuestro país.

Abigail nació en 1744.

Vivió en Massachusetts.

Cuando Abigail era pequeña, muchas niñas no iban a la escuela.

Abigail no fue a la escuela.

Pero el padre de Abigail quería que aprendiera a leer.

A Abigail le encantaba leer y escribir.

Leía los libros de la biblioteca de
su padre.

Su matrimonio

La casa de Abigail y John

Abigail se casó con John Adams en 1764.

John Adams trabajaba para el gobierno.
El gobierno se encarga de hacer reglas
para la gente.

Las cartas de Abigail

My Dearest Friend   Bristol May 19 1800

                    we reachd this place at half after five
we found the old inhabitants gone, the new inn keepers name
Tombes, the people civil and obligeing. every thing very neat
Jackson drove very well. Farmer and Favorite lagg Traveller &
ceasar brisk I am fully of the mind that a middle Syze Horse
travels with more ease to himself, and pleasure to the driver,.
we shall get on Slowly I had rather have the Horses want driving
than be hitching and flouncing I hope you will be very carefull on
your journey not to take cold. I must recommend the warm bath
to you once or twice before you sit out on your journey. not hot
that will drive the Blood to the Head; but it cleans the Skin &
renders the perspiration free I wish you a pleasant journey. and
a Speedy return   to your A Adams

John Adams viajaba mucho.
Abigail le escribía cartas.

Abigail tenía muchas ideas acerca
del gobierno. Escribía cartas acerca
de estas ideas.

El derecho de las mujeres al voto

"recuerda a las damas"

Abigail escribió que las mujeres debían tener derecho al voto.

El derecho al voto es una libertad que tiene la gente. Votar es ayudar a decidir quién estará a cargo del gobierno.

Las mujeres no podían votar.

Las mujeres no podían ayudar a decidir
quién estaba a cargo del gobierno.

Primera dama

John Adams fue nombrado presidente de los Estados Unidos en 1797.

Abigail se convirtió en la primera dama de los Estados Unidos. La primera dama es la esposa del presidente.

Por qué la recordamos

Sus ideas ayudaron a que cambiara el gobierno de los Estados Unidos. Las mujeres, ahora, tienen los mismos derechos que los hombres.

ATENCIÓN VOTANTES

Glosario ilustrado

gobierno un grupo de líderes que hace las reglas para un área de tierra

votar decir quién te gustaría que fuera líder. La persona que obtiene más votos, es elegida líder.

Línea cronológica

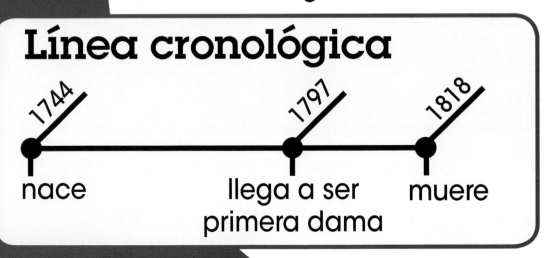

1744 — nace

1797 — llega a ser primera dama

1818 — muere

Índice

Nota a padres y maestros

Esta serie presenta a prominentes personajes históricos. Subraya los acontecimientos importantes en la vida de cada uno de ellos y el impacto que estas personas tuvieron en la sociedad de los Estados Unidos. Las ilustraciones y fuentes primarias ayudan a los estudiantes a entender mejor el texto.

El texto ha sido seleccionado con el consejo de un experto en lecto-escritura para asegurar que los lectores principiantes puedan leer de forma independiente o con apoyo moderado. Se consultó a un experto en estudios sociales para la primera infancia para asegurar que el contenido fuera interesante y adecuado.

Usted puede apoyar las destrezas de lectura de no ficción de los niños ayudándolos a usar el contenido, los encabezados, el glosario ilustrado y el índice.